Erste Seite:
Ohne die vielen Fährschiffe würden viele Straßen Norwegens am Wasser, sprich: an den Fjorden enden. So aber werden die Fahrzeuge Huckepack genommen. Und wenn sie wieder festen Boden unter die Räder bekommen, dauert es manchmal gar nicht so lange, bis sich ihnen der nächste Fjord in den Weg stellt.

Vorherige Doppelseite:
Sommer-„Nacht" auf Norwegisch. Zeit: 24.00 Uhr. Blick vom Fløyen, dem 320 Meter hohen Hausberg Bergens, hinunter auf die Stadt, in der im 13. Jahrhundert die norwegischen Könige Residenz hielten.

Rechts:
Ein Picknick auf dem „Kopf" des Prekestolen, also in Schwindel erregender Höhe über dem Lysefjord, ist gewiss nicht jedermanns Sache, dafür aber ein Erlebnis, das man nicht so schnell vergisst.

Seite 10/11:
Am Strand von Flakstadøy, der kleinsten unter den vier Hauptinseln der Lofotenkette. Im geheimnisvollen Licht der Mitternachtssonne scheinen Meer und Land verzaubert, so dass man sich nicht zu wundern bräuchte, wenn plötzlich ein Troll oder ein Meeresungeheuer auftauchen würden.

INHALT

12

NORWEGEN –
TRAUMLAND IN EUROPAS
HOHEM NORDEN

20

TIEFE FJORDE UND
HOHE BERGE –
DER SÜDEN

58

VON DER PROVINZ
NORDLAND NACH
SPITZBERGEN

SEITE 90:   REGISTER
SEITE 91:   KARTE
SEITE 92:   IMPRESSUM

Norwegen – Traumland in Europas hohem Norden

Die ersten Menschen kamen nicht auf dem Landweg, sondern über die Fjorde in das heutige Norwegen. An den Ufern entstanden die ersten Siedlungen. Deren Bewohner nutzten die zum Teil weit ins Land reichenden Meereszungen zum Fischen und – so die deutsche Übertragung des Wortes „Fjord" – als Fahrwasser. Kein Wunder, dass die politische Geschichte des Landes ebenfalls an einem Fjord begann. 997 gründete Olav Tryggvason am Trondheimfjord seine königliche Stadt. Aus dem damaligen Nidaros wurde das heutige Trondheim. Von hier aus zogen die Wikinger lange vor Kolumbus nach Amerika. Und hier erreichte auch der erste Import aus dem neu gefundenen Land (Neufundland) Europa – eine Ladung Holz.

Die Wikinger und ihre Erben

Nachdem die bärtigen Nordleute 793 mit dem Überfall auf das englische Kloster Lindisfarne ihren ersten spektakulären Coup gelandet hatten, vergrößerten sie ihr Operationsgebiet immer mehr. So begann man sich schon bald nicht nur in Europa, sondern ebenso an den Küsten Kleinasiens vor ihnen zu fürchten. Doch die Berührungen mit anderen Völkern blieben auch für die Wikinger nicht ohne Folgen. Wurde doch – außer Güter und Sklaven – das Christentum importiert. Das heißt,

Harald Schönhaar vom Oslofjord, einer der vielen Klein- und Kleinstkönige, nutzte die große Chance, mit der neuen Religion große Politik zu machen. Das auf eine einzige Gottheit ausgerichtete Christentum legitimierte die weltliche Herrschaft eines Einzelnen.
Das Königreich Norwegen, an dessen Spitze sich Harald gesetzt hatte, erreichte um 1260 seine größte Ausdehnung. Doch schon ein Jahrhundert später begann eine 400 Jahre währende Zwangsunion mit Dänemark. Dabei drohte das einst so mächtige Schiff Norwegen gleich mehrmals in den Stürmen der Geschichte unterzugehen. 1814 wurden die Dänen von den Schweden abgelöst. Seine staatliche Selbstständigkeit erhielt Norwegen erst 1905. Der Neutralität im Ersten Weltkrieg folgte die Besetzung durch die Wehrmacht im Zweiten. Nach der 1343 gegründeten Kolonie der Hansekaufleute in Bergen war dies die zweite Invasion durch die Deutschen. Die dritte, touristische, begann in den siebziger Jahren des vergangenen Jahrhunderts und währt bis heute.
Die alte Wikingermentalität indes lebt am ehesten auf den Ölplattformen in der Nordsee fort. Mit dem Spürsinn eines Entdeckervolkes, das solche herausragenden Persönlichkeiten wie Fridtjof Nansen, Roald Amundsen und Thor Heyerdahl hervorgebracht hat, ist man auf bedeutende Öl- und Gasvorkommen gestoßen. Sie sind inzwischen der wichtigste Wirtschaftsfaktor Norwegens und haben das einst so arme Land – was das Pro-Kopf-Einkommen betrifft – mit an die Spitze Europas katapultiert.

Straßen-Abenteuer

Von Kap Lindesnes im Süden bis zum Nordkap sind es exakt 1752 Kilometer – Luftlinie. Den Straßen indes stellen sich ständig Berge, Fjorde und Seen in den Weg. Während man die großen Berg- und Gletschermassive ohnehin umfahren muss, werden vor allem im Fjordland die Straßen ständig durch das Wasser unterbrochen. Man ist auf Fähren angewiesen, von denen es glücklicherweise genug gibt. Und hätten sich die Norweger nicht als wahre Meister im Tunnelbau erwiesen, wären die Wege noch länger.
Vor allem im Bezirk Møre og Romsdal zwingt die Natur Geometer, Hydrologen, Ingenieure, Sprengmeister, Baggerführer und Stahlbauer zu besonders kühnen Trassen – mit der „Adlerstraße" als besonderem Höhepunkt. Danach, etwas weiter nördlich, wartet mit dem „Trollstig" schon das nächste spektakuläre Straßen-Abenteuer. Elf enge Kurven sind es insgesamt, die wie ein riesiger Reißverschluss an der Felswand kleben. Und als Zugabe gibt es das atemberaubende Panorama der Romsdalsalpen mit fast 90 Schneegipfeln.
In Ålesund hat man die Qual der Wahl. Die eine Möglichkeit wäre ein Abstecher auf die Insel Valderøya, wozu es einer längeren Unterwasserfahrt im Tunnel bedarf, die andere eine Art Achterbahnerlebnis auf der „Atlantikstraße" südlich von Kristiansund. Die vielen Brücken zwischen den einzelnen Inseln haben nicht nur die Autos zu tragen, sondern auch dem Sturm und dem

Bei Utne im Inneren des Hardangerfjords. Glaubt man den Einheimischen, ist es im Frühling am „König der Fjorde" am allerschönsten. Die zahllosen Obstbäume tragen ihr zartes Blütenkleid und spielen in der „Show in Weiß" den Folgefonna-Gletscher an die Wand.

Trotz des sehr feuchten und im Winter außerordentlich milden Klimas auf den Lofoten gibt es auch am Selfjord nur eine spärliche Vegetation. Da hier allenfalls Schafe gehalten werden können, muss nach wie vor der Fischfang die Einwohner ernähren.

Meer zu widerstehen. Zu diesem Zweck haben ihnen die Ingenieure allerlei Wölbungen, Windungen und Wendungen verpasst. Etwas ganz Besonderes ist jene 1224 Meter lange Brücke, welche die Insel Måløy mit dem Festland verbindet. Wenn der Wind sein Spiel mit ihr treibt und ihr in die Seiten bläst, beginnt sie erst zu schwingen und dann zu singen. Und zwar nichts X-Beliebiges, sondern ein klangreines hohes C.

Typisch norwegisch: die Stabkirchen

Für die Wikinger waren die Schiffe nicht nur Fortbewegungsmittel, sondern auch ein Zuhause. Wenn sie doch einmal ihr ureigenstes Element verlassen mussten, blieb meist gar nicht die Zeit, um feste Häuser zu bauen. Stattdessen hatten kleine Boote als Land-Behausung auf Zeit zu dienen, indem man sie kieloben legte und sich darunter.

Bei solch inniger Verbindung wundert es nicht, dass die Nordmänner ihr liebstes Spielzeug auch dem neuen Gott zur Verfügung stellten. Das heißt, die ersten hölzernen Gotteshäuser waren nichts anderes als verkappte Schiffe. Deren in jeder Hinsicht tragendes Element ist das so genannte „stavverk", eine Gruppe von Masten oder Säulen, die untereinander durch diagonale Verstrebungen sowie Arkaden verbunden sind. Derlei Stärkung ist nötig, denn auf dem „stavverk" ruht die Hauptlast, das Dach. Dieses, als Pult oder Sattel angelegt, ist oft in mehrere Etagen gegliedert, vor allem aber vielgiebelig – als ob sich die Baumeister nicht sicher gewesen waren, von woher denn nun der Wind weht.

Als schönstes Exempel einer solchen Stabkirche gilt das um 1150 entstandene Gotteshaus von Borgund am Ende des Sognefjords. Während die größte Stabkirche ein ganzes Stück weiter südlich in Heddal steht, beansprucht jene von Urnes den Ruhm, die älteste zu sein. Wohlgemerkt von denen, die erhalten geblieben sind. Was heißen soll, dass es von den geschätzten 750 ursprünglichen Stabkirchen nur noch etwa anderthalb Dutzend gibt.

Die königlichen Drei: Trondheim, Bergen, Oslo

Von Trondheim, damals noch Nidaros, zog es Norwegens frühe Könige unaufhaltsam in den Süden. Immerhin brauchten sie 300 Jahre, um – über Bergen – nach Oslo zu kommen. Aus diesen drei königlichen Residenzen wuchsen denn auch die einzigen Großstädte des ganzen Landes.

Nach dem Tode König Olav II. Haraldssons, der zu Beginn des 11. Jahrhunderts die Bevölkerung endgültig christianisiert hatte, bekam Norwegen auch einen Heiligen. Seine wundertätigen Gebeine zogen Massen von Wallfahrern nach Nidaros. So begann man 1152 damit, dem Grab auch einen angemessenen Rahmen zu geben. Als dieser erste Dombau 1320 endlich fertig war, saßen die Könige bereits in Oslo.

In Bergen blickte man über Jahrhunderte nur meerwärts. Von dort kamen die Schiffe, die Kaufleute und das Geld. Die Könige blieben von 1217 bis um 1300. Vielleicht mochten sie den vielen Regen nicht. Die Männer der Hanse jedenfalls scherten sich nicht um das Klima, sondern nur um den Profit. Ihr Staat im Staate hieß „Brygge". Die – nach einem Brand wiedererrichteten – Holzhäuser sind Bollwerk und Labyrinth zugleich und der UNESCO zu Recht schützenswert.

Das Zentrum und die herausragenden Sehenswürdigkeiten von Oslo liegen dicht beieinander. Zum Beispiel „Aker Brygge", ein ehemaliges Werftgelände, dessen backsteinerne Fassaden mit Stahl, Glas und Beton ergänzt wurden und den vielen Geschäften und Restaurants einen ganz besonderen Rahmen liefern. Von hier aus ist es nur noch ein Katzensprung zu Rathaus, Konzerthaus und Nationaltheater. Das Herz der Stadt indes schlägt auf der Karl Johan Straße – und in den Sommermonaten besonders laut.

Vorsicht Trolle!

Eigentlich waren diese geheimnisvollen Gestalten der Dunkelheit in der einsamen und wilden Natur zu Hause. Doch inzwischen sind sie auch in die Souvenirgeschäfte übergesiedelt – zur Freude jener vielen Touristen, die sie bei der Eröffnungsveranstaltung der Olympischen Winterspiele von Lillehammer im Jahre 1994 miterlebt hatten und ihnen jetzt unbedingt einmal ganz nahe kommen wollen. Doch wenn man dann den kleinen Kerlen, und sei es auch nur in ihrer plasten Ausführung, gegenübersteht, erschrickt man doch über deren Aussehen. Das heißt, sie sind hässlich wie die Nacht. Außerdem steht ihr Grips in keinem Verhältnis zu ihren angeblichen Körperkräften. Der bekannte norwegische Maler und „Trolloge" Theodor Kittelsen nannte sie „noch viel dümmer, als es die Polizei erlaubt".

Erstaunlich ist ihre Lebenserwartung. Trolle werden manchmal so alt, dass Moos und Steine auf ihnen wachsen. Wenn sie sich einander etwas zurufen, können hundert Jahre ins Land gehen, ehe eine Antwort kommt. Kein Wunder, dass diese Wesen auch in die norwegische Kunst, Literatur und Musik Eingang gefunden haben. Das über die Grenzen des Landes bekannteste Werk ist der „Peer Gynt", von dem es eine literarische (Henrik Ibsen) und eine musikalische Fassung (Edvard Grieg) gibt.

Auf den bekanntesten Postschiffen der Welt

Nachdem die Bewohner der langen, zerklüfteten Nordmeerküste bislang ziemlich abgeschnitten gelebt hatten, verband seit 1893 eine Schnellbootlinie die Siedlungen zwischen Trondheim und Hammerfest: Die Hurtigrute war geboren. Zu deren südlichem Ausgangspunkt avancierte die alte Hansestadt Bergen. 21 Jahre später wurde Kirkenes im Nordosten mit eingebunden. Diese Schiffsverbindung veränderte das Leben in der Küstenregion von Grund auf. Während man bisher in Hammerfest auf

Schönster Teil des Sunnylvsfjords ist jener Arm, der Geirangerfjord genannt wird. Zwischen steil aufragenden Felswänden gelegen, kann er sich gleich mehrerer beeindruckender Wasserfälle rühmen – so auch der „Sieben Schwestern". Um denen nahe zu kommen, bedarf es freilich eines Schiffes.

15

Die Lofoteninsel Flakstadøy hat nicht nur große, schöne Sandstrände vorzuzeigen, sondern auch ein altes Fischerdorf. In Nusfjord gibt es sogar noch einen urigen Dorfladen.

*Rechte Seite:
Am Lyngenfjord in der nordnorwegischen Region Troms. Hier leben auf einem Gebiet von knapp 30 000 Quadratkilometern gerade einmal 150 000 Menschen. Die machen seit Jahrhunderten schon die Fische dadurch haltbar, dass sie sie trocknen.*

*Seite 18/19:
Mit elf engen Kurven, bei denen der Vergleich mit einer Haarnadel fast eine Untertreibung ist, zählt der Trollstigen im Fjordland zu den abenteuerlichsten, aber auch schönsten Straßen Norwegens.*

einen Brief aus Trondheim im Sommer bis zu drei Wochen und im Winter fünf Monate warten musste, war das nun eine Sache von ein paar Tagen. Die neuen Kommunikations- und Transportmöglichkeiten nutzten jedoch nicht nur den Menschen, sondern auch der Wirtschaft.

Heute haben auf den Schiffen der Hurtigrute längst die Touristen jenen Platz übernommen, der einst der Postfracht zukam. Dieser Wandel spiegelt sich auch in der Anzahl und Ausstattung der Kabinen wider. Und obwohl in den Prospekten ausdrücklich darauf hingewiesen wird, dass es sich um keine Kreuzfahrten handele, gibt es zwischen den älteren und den neuen Schiffen einen ziemlichen Unterschied.

Überall gleich indes sind das Erlebnis der atemberaubenden Landschaft und die 34 Stopps zwischen Bergen und Kirkenes – mit Gelegenheit zu Landaufenthalten. Diese sind minutenkurz bis stundenlang und so vielfältig, dass nicht nur Natur-, sondern auch Kunst- und Musikfreunde beziehungsweise an Flora und Fauna sowie der Technik Interessierte auf ihre Kosten kommen.

Norwegen en miniature

Jedes Jahr zwischen Januar und April zog der Kabeljau in Massen zu den Lofoten, jenem grandiosen Archipel aus vier größeren und zahlreichen kleineren Felseninseln vor der Nordküste Norwegens, zum Laichen, wo – ebenfalls in Massen – die Fischer auf ihn warteten. Rund 20 000 waren es noch in der Zeit nach dem Zweiten Weltkrieg. So wurde die Legende genährt, dass der Fisch bis in Ewigkeit reiche.

Umso größer war die Ernüchterung, als sich herausstellte, dass auch diese Fülle manchmal ein Ende hat. Wurden ehedem an die 50 Millionen Kilogramm Fisch aus dem Meer geholt, so ist es heute nur noch die Hälfte. Nicht wenige Bewohner waren deshalb gezwungen, der Arbeit hinterher zu ziehen. Die Landflucht ist in Norwegen nicht nur ein Problem der Lofoten. Allerdings gibt es hier durch den Tourismus neue Impulse und Hoffnung. Erweist sich doch die rund 100 Kilometer lange und über 1000 Meter hohe „Lofotwand" nicht nur als Magnet für den Kabeljau, sondern auch für Natur- und Angelfreunde. Dank des Golfstroms bleiben selbst im Winter die durchschnittlichen Temperaturen noch im Plusbereich. Und wenn es trotzdem einmal ungemütlich werden sollte, bieten die – Robuer genannten – ehemaligen Fischerhütten alle Bequemlichkeiten, die man sich nur wünschen kann. So steht der Erkundung des Inselreiches, das viele landschaftliche Superlative Norwegens auf engstem Raum bündelt, nichts mehr im Wege.

16

Tiefe Fjorde und hohe Berge – der Süden

In Norwegens Süden ist die übergroße Mehrheit der Bevölkerung, davon rund 450 000 im Stadtbezirk Oslo, zu Hause. Fast genauso viele Menschen wie in der Hauptstadt selbst wohnen an deren grüner Taille, der Provinz Akershus, die ihrem Namen „Haus des Ackers" alle Ehre macht. Gilt sie doch zusammen mit dem südlich angrenzenden Ostfold als Kornkammer des Landes. Landwirtschaft wird hier übrigens schon seit mindestens zehntausend Jahren betrieben. In keiner anderen Region Norwegens haben die steinzeitlichen Menschen so viele Spuren ihrer Existenz hinterlassen. Im extremen Gegensatz dazu steht die Provinz Telemark, wo gerade einmal zwei Prozent des Bodens genutzt werden.

Die meisten Touristen zieht es in das Fjordland, wo sie sowohl das beängstigende Gefühl erwartet, scheinbar von hohen Felswänden erdrückt zu werden, wie auch der Triumph, Himmel und Göttern ganz nahe zu sein. Zu den unverzichtbaren Highlights dieser Landschaft zählen der Hardangerfjord – und zwar zur Obstbaumblüte – und der Nærøyfjord. Letzterer ist eigentlich ein Kind des 240 Kilometer langen Sognefjords und so schmal, dass nicht einmal eine Straße mehr Platz findet. So muss der Blick vom Schiff aus und fast kerzengerade zu den 1000 Meter hohen Gipfeln schweifen. Ebenso sehenswert ist der Fjærlandsfjord, der fast bis an die beiden südlichsten Zungen des Jostedals-Gletschers heranreicht. Nicht zu vergessen Norwegens bekanntestes Postkartenmotiv: der Geirangerfjord.

Oben:
Von ihrem auf der Westseite des Oslofjords gelegenen Heimathafen Sandefjord brachen einst die Walfänger ins Nördliche Eismeer auf. So geschehen bis zum Fangverbot 1986. Immerhin besitzt die Stadt als Handelshafen und Werftenstandort auch heute noch eine gewisse wirtschaftliche Bedeutung.

Links:
Blick über den Hafen auf das alte Bergen. Der Handelsplatz, der auf der östlichen Seite des Vågen seinen Anfang genommen hat, erhielt im Jahre 1070 durch König Olav Kyrre die Stadtrechte verliehen. Der teils kometenhafte Aufschwung von Bergen ist vor allem dem Stockfisch zu verdanken, den die hanseatischen Kaufleute von hier aus in aller Herren Länder exportierten.

An der Karl Johansgate, der Prachtstraße Oslos, steht das Stortingsbygning. Der Sitz des norwegischen Parlaments wurde Mitte des 19. Jahrhunderts von dem schwedischen Architekten Emil Victor Langlet aus gelbem Sandstein und Granit errichtet.

Nach dem Ende der Aker-Werft brauchte es einige Zeit, ehe das heruntergekommene Industriegelände eine Metamorphose erfuhr. Heute steht der Name Aker Brygge für Läden, Restaurants, Ausstellungsräume, kurz: für ein vielbesuchtes Einkaufs- und Kulturzentrum in Oslo.

Blick vom Ekeberg auf Oslo, das seit 1814 Hauptstadt Norwegens ist. Der Ort an der Mündung des Akerselv umfasst über 450 Quadratkilometer. Auch wenn davon nur der vierte Teil bebaut ist, gehört Oslo zu den flächenmäßig größten Metropolen der Welt.

In alten Zeiten hatte die Festung Akershus die Hafeneinfahrt von Oslo zu bewachen. Jetzt beherbergt die einst so martialische Anlage, die allerdings schon im 17. Jahrhundert zu einem stattlichen Renaissanceschloss umgebaut wurde, das Museum der Heimatfront Norwegens.

Mit seinen spektakulären Meeresüberquerungen machte Thor Heyerdahl darauf aufmerksam, dass die frühen Hochkulturen viel enger miteinander verbunden beziehungsweise voneinander stärker beeinflusst gewesen sein könnten, als man bislang angenommen hatte. Seine Boote/Flöße werden im Kon-Tiki-Museum zu Oslo gezeigt.

Der in der zweiten Hälfte des 19. Jahrhunderts erbaute Telemark-Kanal, der vom Meer aus weit in die Bergwelt Südnorwegens hineinreicht, hat längst seine ursprüngliche wirtschaftliche Bedeutung verloren und ist stattdessen – mit seinen vielen Schleusen – zu einer ausgesprochenen Touristenattraktion geworden.

Mit Schiffen wie diesem sind einst die Wikinger unterwegs gewesen und haben auf ihren Raubzügen halb Europa in Angst und Schrecken versetzt. Das ist lange vorbei. Offensichtlich genügt heute schon dieser Nachbau eines Wikingerschiffes im Hafen von Bergen, um Beute, Pardon: Geld zu machen.

Neben einer Vielzahl von Jagd- und Hausgerät sind im Vikingskiphuset, einem von mehreren Schiffsmuseen zu Oslo, auch drei große, gut erhaltene Boote aus der Wikingerzeit zu sehen. Das heißt, sie wurden im 9. Jahrhundert gebaut.

*Seite 26/27:
In Lindesnes, auf Norwegens südlichstem Punkt, steht auch der älteste Leuchtturm des Landes. Von hier bis zum Nordkap, wo das europäische Festland endet, sind es mit dem Auto rund 2500 Kilometer.*

25

Bei einer Schifffahrt auf dem 18 Kilometer langen Nærøyfjord, dem schmalsten Fjord Europas, fühlt man sich von den Bergen fast erdrückt. Sie sind rund 1000 Meter hoch und lassen das bisschen Wasser dazwischen noch geringer erscheinen als es eh schon ist.

Zum Geirangerfjord kommt man sowohl auf der Straße als auch per Schiff. Beide Anfahrtsmöglichkeiten haben ihren eigenen, besonderen Reiz. Gemeinsam ist ihnen jedoch, dass es – zumindest in der Saison – nicht nur auf dem Asphalt, sondern auch auf dem Wasser ziemlich eng zugeht.

Rechte Seite:
Blick auf die Ortschaft Geiranger und den gleichnamigen Fjord. Kaum zu glauben, dass auf den schmalen Bergterrassen in Schwindel erregender Höhe Höfe thronen, die – im extremsten Fall nur über eine Leiter erreichbar – über Jahrhunderte hinweg bewohnt gewesen sind.

Kristiansund, die „Stadt am Meer", ist dreifüßig. Das heißt, sie wurde auf den Inseln Kirklandet/ Gomalandet, Innlandet und Nordlandet errichtet, die durch Brücken miteinander verbunden sind. Der Ort, der 1742 die Stadtrechte erhielt, zählt heute rund 18 000 Einwohner.

„Obstgarten des Hardanger" wird die Ortschaft Lofthus genannt. Begonnen hat alles im 13. Jahrhundert, als die aus England stammenden Mönche des Lyseklosters (südlich von Bergen) den Hof Opedal bei Lofthus übernahmen, wo sie Obstbäume pflanzten und Gemüse anbauten.

Die berühmte Stabkirche von Urnes wurde zu Beginn des 12. Jahrhunderts auf einer in den Lustrafjord reichenden Landzunge errichtet. Als ältestes Gotteshaus dieser Bauweise – das reich verzierte Nordportal dürfte noch 100 Jahre älter sein – wurde sie denn auch zum UNESCO-Weltkulturerbe erklärt.

Oben der Winter, unten der Frühling. Die Fähren auf dem 200 Kilometer langen Sognefjord sind zu allen Zeiten des Jahres unterwegs. Der Ableger Hella ist sozusagen ein Fähr-Knotenpunkt. Das heißt, die Schiffe laufen in gleich drei verschiedene Richtungen aus beziehungsweise von dort ein.

*Seite 32/33:
Blick auf das Plateau des Prekestolen. Zum Aufstieg bedarf es eines Fußmarsches von etwa zwei Stunden, zur Annäherung an die Steilwand absoluter Schwindelfreiheit sowie einer gehörigen Portion Mut.*

31

Der Vøringfossen auf der Hardangervidda ist einer der meistbesuchten Wasserfälle des ganzen Landes. Begonnen hat der Ansturm bereits Endes des 19. Jahrhunderts mit dem Bau des Fossli Hotels.

Jotunheimen, das sagenhafte „Heim der Riesen", gehört zu den gewaltigsten Gebirgslandschaften Skandinaviens. Hier findet sich auch der höchste Berg des Landes. Der Galdhøpiggen misst 2468 Meter.

Die Hardangervidda, Europas größtes Hochplateau, ist ein Paradies für Wanderer. Die wilde Landschaft überrascht mit immer neuen Gesichtern und Eindrücken. Dazu gehört auch die besonders artenreiche Flora. Und mit etwas Glück laufen einem sogar wilde Rentiere über den Weg.

Wer sich den knapp einstündigen Fußmarsch zum Briksdalsbreen, einem der beeindruckendsten Gletscherarme des großen Jostedalsbreen, ersparen möchte, kann sich in einem von einem Fjordpferd gezogenen Einspänner dorthin bringen lassen. Solcherlei Zubringerdienste gibt es schon seit über 100 Jahren.

*Seite 36/37:
Nachdem kurz vor der Wende vom 19. zum 20. Jahrhundert Ålesund durch einen Brand zerstört worden war, bot sich die Gelegenheit, die Stadt in schönstem Jugendstil neu aufzubauen.*

*Linke Seite:
Wenn man den Namen Stavanger hört, denkt man zuallererst an die Ölquellen, die Anfang der 70er-Jahre in der Nordsee entdeckt wurden und der Stadt zu neuer Blüte verhalfen. Dabei wurde auch Gamle Stavanger, das Altstadtviertel, mit seinen weiß gestrichenen, zum Teil mehr als 200-jährigen Holzhäusern vorbildlich restauriert.*

Trotz der vielen Läden und Restaurants, die zum Besuch einladen, mutet die geschlossene Häuserfront der Bryggen in Bergen noch immer wie eine Festung an. In der Tat war diese Siedlung ein Staat im Staate, von der aus die Männergesellschaft der Hanseaten ihre Fäden zog und Handel und Land kontrollierte.

Die Zeit der Tante-Emma-Läden geht selbst in den abgelegenen Gebieten Norwegens ihrem unaufhaltsamen Ende entgegen. So tut man, anstatt lange zu suchen, gut daran, gleich ins Osloer Volksmuseum zu gehen.

Auch diese alten Holzhäuser haben längst ausgedient. Das heißt, sie werden nur noch museal genutzt. Besichtigt werden können sie in der Ortschaft Rjukan im Nordosten der Provinz Telemark.

In Røros, von 1646 bis 1977 Zentrum des Kupferbergbaues, hat sich ein großer Teil der alten Holzbebauung erhalten. Einziger Steinbau der Siedlung war die Kirche aus dem Jahre 1784. Die UNESCO führt Røros in der Liste besonders erhaltenswerter Städte.

Der Aufschwung des Hafenstädtchens Åsgårdstrand begann in der Zeit der großen Windjammer. Heute kommen die Leute nicht nur des Badens und des Segelns, sondern auch Edvard Munchs wegen, dessen ehemaliges Wohnhaus als Museum eingerichtet wurde.

Seite 42/43:
Um im Meer oder in den Fjorden zu angeln, bedarf es in Norwegen keiner Lizenz. Die Männer auf dem Bild sind auf Lachse aus. Ort des Geschehens: der Åfjord nahe Trondheim.

41

In Nord-Trøndelag kommen auf einen Quadratkilometer sechs Einwohner. Damit zählt diese Region zu den am dünnsten besiedelten Norwegens. Hier gibt es keine überlaufenen Touristenorte, stattdessen viel Ruhe und Beschaulichkeit. Zumindest für die Touristen. Manche Einheimische fühlen sich eher abgeschieden.

Lillehammer, am nördlichen Ufer von Norwegens größtem Binnensee gelegen, war im Februar 1994 Austragungsort der 17. Olympischen Winterspiele. Die ausgedehnten Sportstätten werden vom Sprungturm der großen Schanzenanlage, die 50 000 Zuschauerplätze bietet, überragt.

Das Gotteshaus von Borgund wurde um 1150 errichtet und gilt, neben dem in Heddal, als schönstes Beispiel einer norwegischen Stabkirche. Die damaligen Bauleute verwendeten für ihre kühne Konstruktion keinen einzigen eisernen Nagel.

Da die Region von Nord-Trøndelag nahezu alle vorherrschenden Landschaftsformen vorzuweisen hat, wird sie oft als „Norwegen en miniature" bezeichnet.

Norwegen und der Winter – das ist ein besonderes und vor allem langes Kapitel, das in den Bergen bis in den Sommer währt. So ist zwar diese Passstraße in Jotunheimen schon schneefrei, nicht aber die umliegenden Hänge.

Wie man sehen kann, gibt es auch zu Beginn des Sommers noch mehr als genug Schnee am in der Region Sogn og Fjordane gelegenen Hornspass. Warmer Kleidung indes bedarf es trotzdem nicht.

Vossadalen im Fjordland. Die Leute am Feuer frieren keineswegs und sie wollen sich auch keine Speisen zubereiten, sondern sie feiern, mitten im Schnee, den Sommeranfang.

Die Norweger sind es gewohnt, eine längere Zeit des Jahres mit Schnee, Eis und Kälte zu leben. Besonders hart gefordert sind die Mitarbeiter des Winterdienstes, die sich mitunter eher als Tunnelbauer fühlen dürften. Diese Hochgebirgsstraße im Rogaland zum Beispiel kann nur freigefräst werden. Inmitten der meterhohen Schneewände mutet das Auto fast wie ein Spielzeug an.

Blick von der Festung Kristiansten auf Trondheim. Die erste Hauptstadt Norwegens wurde von König Olav Tryggvason gegründet und trug damals den Namen Nidaros. Heute leben rund 150 000 Menschen hier. Damit ist Trondheim die drittgrößte Stadt des Landes.

Die Idee ist nicht nur originell, sondern spart auch Kraft: Ein Lift hilft den Fahrradfahrern über die „Berge" von Trondheim. Zusätzlich kommen dabei auch noch die Fotografen auf ihre Kosten.

Der Dom von Trondheim, das größte mittelalterliche Bauwerk Norwegens, wurde im ausgehenden 11. Jahrhundert über dem Grab Olavs des Heiligen errichtet und zwischen 1151 und 1320 bedeutend erweitert. Erster Bauabschnitt war das romanische Querschiff, an dem sich normannische Einflüsse erkennen lassen. Die reichste Ausschmückung besitzt die Westfassade.

Dieser Mann in historischer Uniform weiß viel über die Festung Kristiansten in Trondheim zu erzählen. Zum Beispiel, dass sie in der zweiten Hälfte des 17. Jahrhunderts erbaut wurde und nur ein einziges Mal ihre Stärke beweisen musste. So geschehen im Jahre 1718, als die Schweden vor der Stadt lagen.

Seite 50/51:
Mal vom Meer liebkost, meistens aber umtost: Die Insel Vågsøy. Erst vor nicht allzu langer Zeit wurde das Eiland durch eine 1274 Meter lange Brücke mit dem Festland verbunden.

49

Obwohl nicht zu dieser Rasse gehörend, fühlt sich dieser Schlittenhund inmitten des vielen Schnees offenbar pudelwohl. Im Hintergrund die Finsehütte. Das namensgebende winzige Dorf auf der Hardangervidda darf sich des höchstgelegenen Bahnhofs Norwegens rühmen.

Die Alternative zum Hunde- ist der Motorschlitten. Er frisst kein Fleisch, sondern Sprit, bellt nicht, macht dafür aber einen Heidenlärm. Und man kann auch nicht von ihm erwarten, dass er einem die Hände leckt.

Bahnhof Finse. Mit der Bergenbahn wurde das Unmögliche möglich gemacht – nämlich eine Zugverbindung über die klimatisch so extreme, nur wenige Wochen im Jahr schneefreie Hochebene Hardangervidda zu bauen, um Bergen und Oslo einander näher zu bringen.

In Finse liegt neun Monate im Jahr Schnee. So ist es kein Wunder, dass die Skifahrer, darunter auch immer mehr ausländische Gäste, hier ihr El Dorado gefunden zu haben glauben. Das Hotel „Finse 1222", von dem hier nicht viel mehr als der Eingang zu sehen ist, verweist in seinem Namen auf die Höhenlage des Ortes.

53

Das achteckige hölzerne Gotteshaus von Stordal nahe Ålesund wurde im Jahre 1789 anstelle einer alten Stabkirche erbaut. Es ist bekannt für seine wunderschöne Rosenmalerei, die 1799 von Andreas Reinhold und Vesbjorn Halling ausgeführt wurde.

Die wunderschöne Stabkirche von Eidsborg, die unter dem Patronat des Schutzheiligen der Reisenden, des Heiligen Nikolaus von Bari, steht, stammt vermutlich aus dem Beginn des 13. Jahrhunderts. Sie birgt im Inneren Malereien aus dem 17. Jahrhundert, die 1929 bei Restaurierungsarbeiten entdeckt wurden.

Die Stabkirche von Lom ist mehr als 800 Jahre alt. Bereits 30 Jahre nach ihrer Weihe wurde der Chor vergrößert und um eine Apsis erweitert. Das Querschiff sowie ein Anbau an der Westseite kamen Mitte des 17. Jahrhunderts hinzu.

Trotz der verschiedenen Erweiterungs- und Umbauten blieb im Innern der Stabkirche von Lom der grandiose 20-säulige Zentralraum in seiner überwältigenden ursprünglichen Schönheit erhalten.

Fjordlandschaft in der Provinz Møre og Romsdal. Bereits vor 10 000 Jahren haben hier Menschen der so genannten Fosna-Kultur gesiedelt. Viel später, unter den Wikingern, kamen die besten Schiffsbauer aus dieser Gegend.

Nach altem Brauch schmückten sich früher zum Mittsommerfest nicht nur die Kinder, sondern auch die Erwachsenen mit bunten Blumenkränzen. Das soll Glück bringen und auch Kraft – die man brauchte, um die bevorstehende lange, dunkle Winterzeit unbeschadet zu überstehen.

Wenn der Frühling am Hardangerfjord – wie hier in Ringøy – Einzug hält, kommt er mit großem Blumen- und Blütengefolge. Dann verwandeln sich die Wiesen gewissermaßen über Nacht in bunte Teppiche, zu denen die Bäume das nicht minder betörende Gegenstück liefern.

Dank des Golfstroms und milder Südwestwinde gedeihen in Molde, dem Hauptort der Provinz Møre og Romsdal, nicht nur Rosen, sondern auch Kastanien, Linden und andere Laubbäume, die man so weit im Norden sonst nicht mehr findet. Die Stadt, im Zweiten Weltkrieg durch ein deutsches Bombardement fast völlig zerstört, zählt heute rund 25 000 Einwohner.

Von der Provinz Nordland nach Spitzbergen

Nahe dem Hafenstädtchen Brønnøysund beginnt der Norden Norwegens. Mag auch das Territorium des Landes ziemlich genau halbiert sein, wiegt der Unterbau doch viel schwerer als der Kopf. Allein die sehr unterschiedliche Zahl der Bezirke – im Süden 16, im Norden ganze drei – verdeutlicht, dass „oben" viel weniger zu verwalten ist als „unten". In der Tat leben in Oslo auf einem Quadratkilometer 80 Menschen, in der Finnmark, der nördlichsten der drei Festlandsprovinzen, dagegen nur zwei. Doch die und ihre rund 40 000 Mitbewohner haben ihren Stolz. Schlafen, so ein geflügeltes Wort derer aus dem Norden des Nordens, könne man im Süden. Was heißen soll, dass sich die Menschen hier oben in allem mehr gefordert fühlen.

Das „Tor zur Arktis" heißt Tromsø. Hier starteten die großen Polarforscher Amundsen, Nansen und Andree ihre legendären Expeditionen. Heute gibt sich die Stadt komfortabel. Mit über 50 Restaurants, Bars und Nachtklubs und sogar einer Brauerei ist sie – für die Norweger – gar das „Paris des Nordens". Demgegenüber ist die nur spärlich besiedelte Finnmark so etwas wie das Sibirien Norwegens.

Seit 1920 steht auch die Inselgruppe Spitzbergen unter norwegischer Verwaltung. Damit wurde die Auflage verbunden, dass Jagd, Fischfang und Kohleförderung im „Land der Kalten Küste" allen Ländern offen stehen müssen. Die Militärs dagegen bleiben ausgesperrt.

Oben:
Anders als bei Hochseekreuzfahrten ist man auf den Schiffen der Hurtigrute dem Land immer nahe, erlebt es in seiner ständig wechselnden Gestalt und bekommt phantastische Aus- und Einblicke. Im Hintergrund des Bildes sind die bis zu 600 Meter hohen Berge der Insel Andøya zu sehen, die zu den Vesterålen gehört.

Links:
Abgesehen von den touristischen Spektakeln tragen die Samen nur noch an den großen Festtagen des Jahres, wie hier zum österlichen Gottesdienst in Kautokeino, ihre traditionelle Tracht. Die Gemeinde hat rund 3000 Seelen, dafür aber um so mehr Rentiere.

Zu den absoluten Höhepunkten einer Fahrt mit den Schiffen der Hurtigrute gehört die Einfahrt in den Trollfjord. Der von senkrechten Felswänden umgebene Meeresarm ist der kleinste und schmalste des ganzen Landes und erfordert das ganze Können der Steuerleute – vor allem dann, wenn sie das Schiff fast auf der Stelle wenden müssen.

Ein Schiff der Hurtigrute auf dem Weg durch den Raftsund (Lofoten). Heute haben die Touristen längst jenen Platz übernommen, der einst der Postfracht zukam. Dieser Wandel spiegelt sich auch in der Zahl und Ausstattung der Kabinen sowie in den vielen Autostellplätzen wider.

Zur Provinz Nordland, dem Inselreich am Polarkreis, gehören nicht nur eine besonders zerfurchte Küste von rund 14 000 Kilometern Länge, sondern auch mehrere Tausend Inseln, über deren genaue Zahl sich bis heute die Gelehrten streiten. Je nachdem wie gezählt wird, ist von mindestens 12 000 und maximal 19 000 die Rede. Bewohnt sind davon rund 600. So bedarf es besonders vieler Fährschiffe, die die Verbindung zwischen den einzelnen Ortschaften aufrecht erhalten.

Seite 62/63:
Der Holandsfjord, gleich hinter dem Polarkreis, reicht bis zum ewigen Eis von Norwegens zweitgrößtem Gletscher, dem Svartisen. Und der wiederum hängt seine lange Zunge Engabreen fast bis ins Wasser.

61

Auf dem Weg zur Vogelinsel Bleikøya, die zu den Vesterålen gehört. Die sind weit weniger touristisch erschlossen als ihre südlichen Schwestern, die Lofoten. Wer hierher kommt, weiß, was ihn erwartet beziehungsweise, worauf er verzichten muss. Diesen Individualisten ist das Erlebnis unversehrter Natur auch die weite Anreise wert.

Fragt man die ehemaligen Walfänger von Andenes an der Nordspitze von Andøya (Vesterålen), so bestätigen sie gern, dass sie bei den Wal-Safaris – zumal auf viel leichtere Weise – nicht weniger Geld verdienen, als bei den inzwischen eingestellten Jagden auf die bedrohten Meeressäuger.

Obwohl der Fischfang für die Bewohner der Provinz Nordland längst nicht mehr die gleiche Rolle wie zu früheren Zeiten spielt, ist er nach wie vor eine wichtige Wirtschaftsgröße. Während des kurzen Sommers kommen auch zahlreiche Hobbyfischer hinzu, denen reiche Beute winkt. Heißt es doch, dass die Fische hier auf alles beißen würden, was ins Wasser gehalten wird.

Nein, diese beiden Kinder mit dem Rettungsring posieren nicht nur für die Kamera, sondern wagen sich auch ins Wasser hinein. Das ist zwar in der Provinz Nordland, zumindest für unsere Verhältnisse, ziemlich kühl, dafür sind aber auch die Menschen nicht so zimperlich wie wir.

65

*Sommertag am Holands-
fjord. Die Berge im
Hintergrund, die sich im
Wasser spiegeln, markieren
schon die Grenze zum
Reich des ewigen Eises,
das hier den Namen
Svartisen trägt und eine
Ausdehnung von rund
270 Quadratkilometern
besitzt.*

*Tromsø, der Hauptort der
Provinz Troms, zählt
knapp 58 000 Einwohner.
Neben der so genannten
„Eismeerkathedrale" ist
die über einen Kilometer
lange und knapp über
40 Meter hohe Brücke
zwischen der Insel Troms-
øya und dem Festland das
zweite bekannte Wahr-
zeichen der Stadt.*

*Rechte Seite:
Blick auf den Hafen von
Gryllefjord. In der
Provinz Troms sind
Schiffe oft die einzige
Verbindung zwischen den
einzelnen Orten.*

*Seite 68/69:
Reine, der Hauptort der
Lofoteninsel Moskenesøy,
liegt am Kirkefjord. Die
Bewohner leben seit
Menschengedenken vom
Fischfang. Inzwischen
kommen aber auch immer
mehr Touristen, die Geld
hier lassen.*

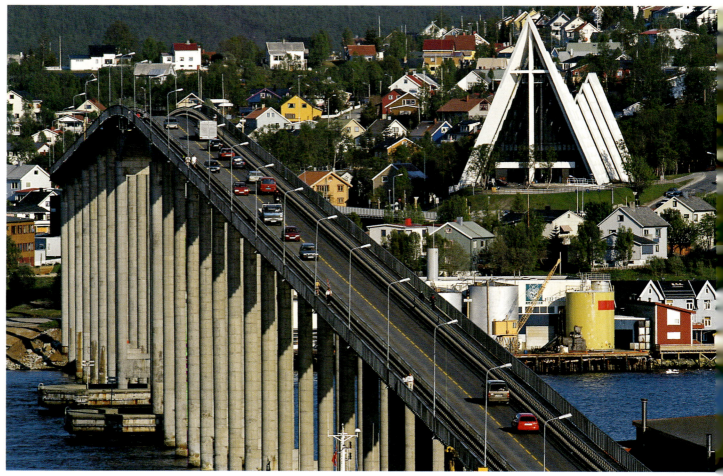

Lofotenfischer beim Kabeljaufang. Wenn die Fischschwärme zwischen Mitte Januar und Mitte April für etwa drei Monate zum Laichen vor die Inseln kommen, ist Mann und Maus unterwegs, um sie einzufangen. Das heißt, die an und für sich einfache Rechnung geht längst nicht mehr auf, da die neue Technik der Schiffe zwar immer größere Fänge ermöglicht, dafür aber auch das rechtzeitige Nachwachsen der Fische verhindert. So sind die einst so reichen Bestände dramatisch zurückgegangen.

Der Siegeszug des Trockenfisches resultierte aus seiner relativ langen Haltbarkeit. Da es jedoch inzwischen gleich eine Vielzahl anderer und weitaus günstigerer Möglichkeiten der Konservierung gibt, als den Fang auf den Klippen beziehungsweise auf Gestellen zu trocknen, ist die Produktion drastisch zurückgegangen.

Der Trockenfisch war lange Zeit Norwegens wichtigstes Exportgut. Heutzutage wird er zwar auch noch hergestellt, aber größtenteils nicht mehr im Freien, sondern in beheizten Hallen getrocknet. So gehört Glück dazu, eines jener Gestelle zu entdecken, auf denen wirklich noch Fische sind.

Das urbane Vorzeigestück von Flakstadøy, der kleinsten bewohnten Lofoteninsel, ist das von Bergen und Wasser umarmte Nusfjord. Das malerische Fischernest hat sich den verschiedenen Zeiten und Moden so erfolgreich widersetzt, dass es heute als eine Art lebendiges Freilichtmuseum gilt.

Radfahrer bei Andenes auf der zu den Vesterålen gehörenden Insel Andøya. Auf alle Fälle kommt man hier leichter vorwärts als auf den benachbarten Lofoten: Die Berge sind viel niedriger und die Winde bei weitem nicht so stark.

Auch wenn die Schiffe der Hurtigrute nach Vestvågøy, der größten der Lofoteninseln, auch viele Touristen mitbringen, ist allenfalls die Hafenstadt Stamsund überlaufen, nicht aber das Umland. So hat man, wie hier bei Eggum, einen ganzen Strand – der übrigens nicht zum Meer, sondern zu einem Süßwassersee gehört – für sich allein.

Von viel Wasser liebkost und von hohen Bergen beschützt, darf sich die auf der Insel Vestvågøy gelegene winzige Ortschaft Vonheim einer überaus romantischen Umgebung rühmen.

*Seite 74/75:
Vor dem Hintergrund einer scharf gezackten Felswand ein kleiner Fischereihafen. Ein paar Häuser und Schuppen, zum Wohnen und Lagern, gibt es auch. Auch wenn man Hamnøy nicht kennt, kann kein Zweifel bestehen, wo es liegt – nämlich auf den Lofoten.*

*Seite 76/77:
Die Lofoteninsel
Flakstadøy im Lichte der
Mitternachtssonne.*

*Die Stadt Hammerfest
liegt auf dem gleichen
Breitengrad wie die nördlichsten Gebiete Alaskas
und Sibiriens. Der Eisbär
im Wappen ist also kein
Zufall. Im Winter
1944/45 von deutschen
Truppen dem Erdboden
gleichgemacht, entstand
Hammerfest völlig neu.*

*Auf den einsamen
Straßen der Finnmark
zweifelt man mitunter,
noch auf dem rechten Weg
zu sein. Gott sei Dank
gibt es Straßenschilder,
die einem Orte und auch
Entfernungen anzeigen.
So kann es beruhigt
weitergehen …*

Am Porsangerfjord. Die Gegend ist dafür bekannt, dass hier besonders viele der köstlichen Moltebeeren wachsen. Die nächste „größere" Siedlung in der Umgebung heißt Lakselv. Der Hauptort der großflächigen Gemeinde Porsanger zählt rund 2500 Einwohner.

Honningsvåg, Hauptort der Gemeinde Nordkap, ist die nördlichste Stadt der Welt. Auch sie wurde, bis auf die Kirche aus dem Jahre 1884, von deutschen Truppen zerstört. Von hier ist es nicht mehr weit bis zu jenem viel besuchten Ort, an dem Europa endet.

79

Nur wenige Länder haben zu Ostern noch genug Schnee, um Wettkämpfe – wie hier in Kautokeino – zu veranstalten. Das ist gewiss auch einer der Gründe, warum an den norwegischen Skispringern nach wie vor kein Weg vorbeiführt.

Auf der E6 am Polarkreis. Schnee so weit das Auge reicht. Und mittendrin, ziemlich verloren, ein Auto. Im Winter sind hier, neben einem Mobiltelefon und einem gefüllten Reservekanister, auch Spikesreifen unentbehrlich.

Zwischen Himmel und schneebedeckter Landschaft ein Monument, das denjenigen, die mit der Bahn beziehungsweise mit dem Auto gen Norden unterwegs sind, das Überqueren des Polarkreises anzeigt.

Im harten und langen norwegischen Winter haben es nicht nur die Menschen, sondern auch die Tiere schwer. So wird für die Elche die Futtersuche zum Problem und sie sind nicht selten auch am Tag unterwegs.

Seite 82/83: Blick auf das Fischerdorf Båtsfjord auf der Halbinsel Varanger. Dass während der langen Polarnacht wenigstens die Straßenlaternen leuchten, ist ein schwacher Trost für die Einwohner, deren Telefonrechnungen in die Höhe schnellen.

81

Auch die norwegischen Samen ziehen schon längst den Motorschlitten jenen Gefährten vor, die von Rentieren gezogen werden. Dabei geht es nicht darum, dass ihnen die traditionelle Art der Fortbewegung keinen Spaß mehr macht, sondern rein um die Wirtschaftlichkeit. Zumindest einmal im Jahr, zu Ostern, trifft man sich noch in Kautokeino zu einem berühmten Rentierschlittenrennen.

Rentiere in der Finnmark. Erst vor rund 500 Jahren begannen die Samen, halbzahme Tiere zu züchten. Fragen nach der Zahl der Tiere bleiben übrigens immer unbeantwortet. Es wäre das Gleiche, als wenn man hier zu Lande jemand nach seinen Spareinlagen fragen würde.

Ostergottesdienst in Kautokeino. Nachdem den Samen das Christentum mehr oder weniger gewaltsam aufgedrängt wurde, redet man heute auch wieder offen über die alten religiösen Vorstellungen und Riten, insbesondere über den Schamanismus.

Rentierschlittenrennen in Kautokeino. Die Funktion als Zugtier spielt heutzutage eher eine geringere Rolle. Weit wichtiger sind Fleisch und Fell der kälteliebenden Hirschart.

Traumziel vieler, die nach Skandinavien fahren, ist das Nordkap, das seinen Namen bereits 1553 von dem englischen Forschungsreisenden Richard Chancellor erhalten hat.

Der nördlichste Punkt Europas ist längst touristisch vermarktet. Und zwar nicht nur das Plateau selbst, sondern auch das Innere der Klippe, in die unterirdische Ausstellungsräume gesprengt wurden. Dort kann man sein Nordkap-Erlebnis auch auf den Blick aus dem Panoramafenster einer Grotte beschränken.

Zwar ist der arktische Sommer nur kurz, dafür scheint aber Tag und Nacht die Sonne. Am Nordkap vom 14. Mai bis zum 1. August. So können die Touristenbusse das Traumziel rund um die Uhr ansteuern.

Im Sommer geht es am Nordkap selbst um Mitternacht wie auf einem Rummelplatz zu. Es scheint, als wollten sich die Leute höchstpersönlich davon überzeugen, dass hinter der Klippe wirklich nichts anderes mehr kommt als Wasser.

*Seite 88/89:
Hier, exakt 307 Meter über dem Meer, endet Europa.*

REGISTER

	Textseite	Bildseite
Andenes		64, 72
Andøya		59, 64, 72
Åfjord		41
Ålesund	13	35
Åsgårdstrand		41
Båtsfjord		81
Bergen	13-16	8, 21, 25, 39, 92
Bleikøya		64
Borgund	14	45
Brønnøysund	58	
Eggum		73
Eidsborg		54
Finse		52f
Fjærlandsfjord	20	
Flakstadøy		8, 16, 72, 78
Geirangerfjord	20	28
Gryllefjord		66
Hammerfest	15	78
Hamnøy		73
Hardangerfjord	20	13, 57
Hardangervidda		34f, 92
Heddal	14	
Hella		31
Holandsfjord		61, 66
Honningsvåg		79
Jotunheimen		34, 46
Kautokeino		59, 80, 84f
Kirkenes	15f	
Kirkefjord		66
Kristiansund	13	30
Lillehammer	15	44
Lindesnes	13	25
Lofthus		30
Lom		55

	Textseite	Bildseite
Lyngenfjord		16
Lysefjord		8, 92
Måløy	14	
Molde		57
Moskenesøy		66, 92
Nærøyfjord	20	28
Nordkap	13	86f
Nusfjord		16, 72
Oslo	14f, 20, 58	22-25, 40
Oslofjord	13	21
Porsangerfjord		79
Prekestolen		8, 31, 92
Reine		92
Ringøy		57
Rjukan		40
Røros		41
Sandefjord		21
Selfjord		14
Sognefjord	14, 20	31
Sørfjord		92
Stavanger		39
Stordal		54
Trollfjord		60
Tromsø	58	66
Trondheim	12, 14ff	48f
Trondheimfjord	12	
Urnes	14	31
Utne		13
Valderøya		13
Vågsøy		49
Vestvågøy		73
Vonheim		73
Vossadalen		47

Sommeridylle am Sørfjord. Der malerische Seitenarm des Hardangerfjords wird von bis zu 1300 Meter hohen Bergen umrahmt: der Hardangervidda, Europas größtem Hochplateau, sowie dem mächtigen Folgefonn-Gletscher.

*Schutzumschlag vorne:
Oben:
Reine ist der Hauptort von Moskenesøy, der südlichsten unter den vier großen Lofoteninseln. Die Berge wirken als Schutzschild, das im Winter den stärksten Stürmen ganz Nordeuropas ausgesetzt ist.*

*Unten:
Der in der Provinz Rogaland gelegene Prekestolen ist der wohl spektakulärste Aussichtspunkt des Landes. Aus einer Höhe von rund 600 Metern eröffnet sich ein atemberaubender Blick hinunter auf den Lysefjord und die umliegende Bergwelt.*

*Schutzumschlag hinten:
Die Geschichte von Bergen, Norwegens zweitgrößter Stadt, ist über zwei Jahrhunderte lang durch die Hanse geprägt worden. Bryggen, die Handels- und Machtzentrale der deutschen Kaufleute, wurde nach einem Brand im Jahre 1702 wieder aufgebaut. Die hohen, spitzgiebeligen Holzhäuser stehen unter dem Patronat der UNESCO.*

Impressum

Buchgestaltung
hoyerdesign grafik gmbh, Freiburg

Karte
Fischer Kartografie, Aichach

Alle Rechte vorbehalten

Printed in Germany
Repro: Artilitho, Trento, Italien
Druckerei Ernst Uhl GmbH & Co. KG,
Radolfzell am Bodensee
© 2006 Verlagshaus Würzburg GmbH & Co. KG
© Fotos: Max Galli

ISBN 3-88189-706-2

Unser gesamtes Programm finden Sie unter:
www.verlagshaus.com